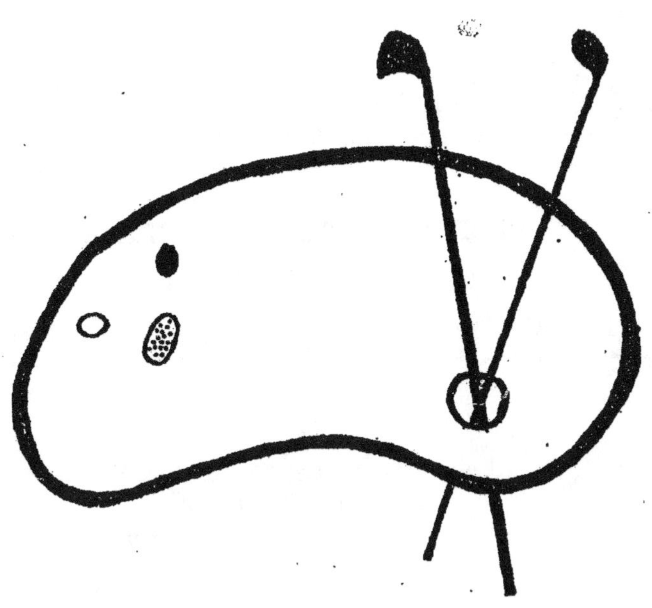

**DEBUT D'UNE SERIE DE DOCUMENTS
EN COULEUR**

SCIENCE ET RELIGION
Études pour le temps présent

LES ORDRES RELIGIEUX CONTEMPORAINS

# Les Petites Sœurs des Pauvres

PAR

Jacques de la FAYE

Lauréat de l'Académie Française

PARIS

LIBRAIRIE BLOUD & Cie

4, RUE MADAME ET RUE DE RENNES, 59

1904

# SCIENCE ET RELIGION

**Études pour le temps présent. — Prix 0 fr. 60 le vol.**

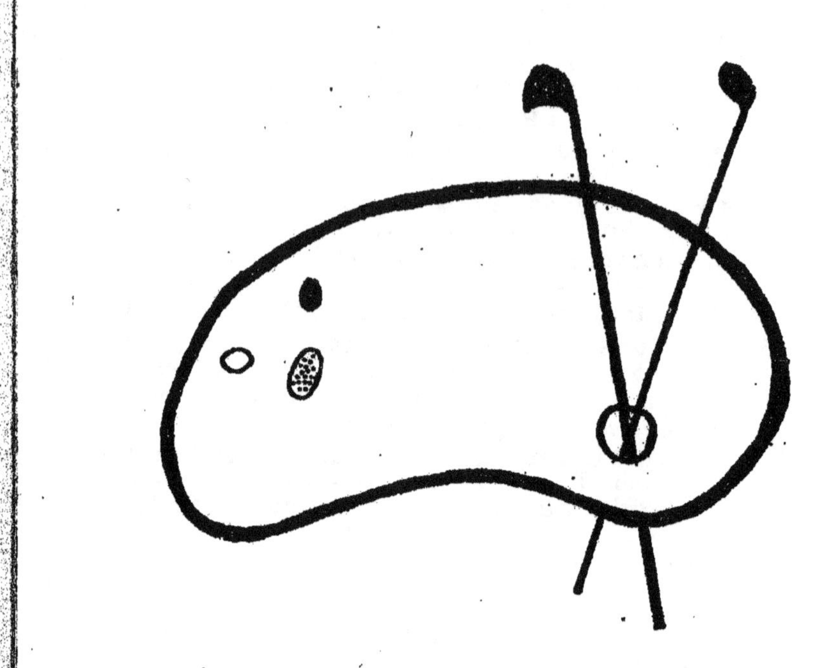

FIN D'UNE SERIE DE DOCUMENTS
EN COULEUR

SCIENCE ET RELIGION
Études pour le temps présent

## LES ORDRES RELIGIEUX CONTEMPORAINS

# Les Petites Sœurs des Pauvres

PAR

## Jacques de la FAYE

Lauréat de l'Académie Française

PARIS

LIBRAIRIE BLOUD & C^{ie}

4, RUE MADAME ET RUE DE RENNES, 59

1904

# LES PETITES SŒURS DES PAUVRES

## PREMIÈRE PARTIE

### Organisation et début de l'œuvre

## I

LES FONDATEURS. — L'ABBÉ LE PAILLEUR. —
MARIE JAMET — VIRGINIE TREDANIEL

Jamais la touchante parabole du grain de senevé ne se réalisa plus merveilleusement que dans cette œuvre sortie du cœur de quatre humbles Bretonnes, providentiellement réunies à Saint-Servan et trouvant pour les guider sur le chemin de la charité, un jeune prêtre joignant à une âme d'apôtre, une intelligence extraordinairement organisatrice.

Ce prêtre s'appelait l'abbé Auguste-Marie Le Pailleur. Il était né à Saint-Malo au mois de juillet 1812. Ses parents vivaient modestement, le père avait un emploi dans les douanes, la mère tenait un petit magasin, dont le produit s'ajoutait aux appointements peu élevés du chef de famille. Dans cet intérieur profondément chrétien, la vocation sacerdotale se développa peu à peu dans l'âme de l'enfant. Au sortir du collège, il entra au grand Séminaire de Rennes. A vingt-six ans, après un très court séjour dans une paroisse rurale, l'abbé Le Pailleur était envoyé comme vicaire à Saint-Servan.

Il fut de suite le confident, l'ami des plus humbles habitants de la Ville. On le rencontrait au chevet de tous les misérables et les enfants pauvres, les jeunes ouvrières attirées par sa bonté assiégeaient son confessionnal.

Parmi ses nombreuses pénitentes, deux lui semblèrent avoir les mêmes aspirations vers une vie plus surélevée, plus parfaite. Il les fit se connaître, espérant qu'au contact d'une sainte amitié, la flamme de l'amour divin s'aviverait dans ces deux âmes d'élite, ne se doutant pas de quelle moisson, il jetait la semence.

L'une des jeunes filles Marie Jamet, vivait avec ses parents, aidant sa mère dans les soins du ménage, s'occupant de ses frères et de sa sœur, et aussi du petit commerce d'épicerie qui ajoutait aux gains insuffisants du père de famille, un brave ouvrier maçon.

Virginie Tredaniel était au contraire seule au monde. Père, mère, aïeule, la mort avait tout fauché autour d'elle ; son tuteur ne pouvant la prendre chez lui, l'avait confiée à deux pieuses filles, qui étaient l'édification de Saint-Servan. On les appelait : Jeanne Jugan et Françoise Aubert.

Toutes deux étaient d'anciennes domestiques. « Ensemble elles servaient Dieu et se prêtaient à toutes sortes de bonnes œuvres (1). » Elles recueillirent l'orpheline avec une maternelle compatissance et c'est ainsi, que débuta dans un faubourg d'une vieille ville bretonne, la congrégation qui devait étendre à travers le monde ses rameaux bienfaisants.

(1) *Histoire des petites sœurs des Pauvres.* Abbé A. LEROY.

## II

### JEANNE JUGAN

Ce nom qui resplendit, au livre d'or de la Charité est celui d'une fille de pêcheur de la baie de Cancale. Jésus qui avait dit à Pierre aux rives du lac de Tibériade: « Tu seras pêcheur d'hommes, » prédestinait cette enfant des grèves bretonnes à recueillir dans son filet des milliers de naufragés de la vie, pauvres épaves, ballottées par les tempêtes, brisées sur tous les récifs de la douleur humaine.

Jeanne Jugan vint au monde le 28 octobre 1792, elle était l'aînée de quatre enfants. Active, dévouée, elle se multipliait pour venir en aide aux siens.

A la voir « si vaillante » les jeunes pêcheurs la souhaitaient pour compagne. A dix-huit ans, elle mit sa main brunie, durcie par un labeur incessant, dans la main calleuse d'un de ses compatriotes. Au lendemain des fiançailles, le promis dût partir pour une longue campagne sur mer et Jeanne en l'attendant continua sa vie de dévouement au foyer familial.

Pendant que son fiancé courait les océans, il advint qu'une mission fut prêchée à Cancale. Jeanne était très pieuse, elle la suivit assidûment, ne se doutant pas qu'elle allait entendre cet irrésistible appel divin qui change l'orientation des vies.

Le « viens avec moi » du maître, qui depuis des siècles retentit dans tant de cœurs, la trouva docile. Elle aussi, répondit « Je suis la servante du Seigneur ». Elle enleva de son doigt l'anneau des fiançailles terrestres, déclarant qu'elle se fiançait pour l'éternité au Christ Jésus. Longtemps ses parents insistèrent pour la faire changer d'avis, mais elle demeurait inébranlable disant : « Dieu me veut pour lui ! Dieu me garde pour son œuvre ».

Quelle était cette œuvre dont la pieuse Bretonne avait le pressentiment, c'était encore le secret de la Providence, mais elle se sentait entraînée vers les indigents et les malades.

Pour se soustraire sans doute, aux instances de sa famille et de son fiancé, Jeanne se rendit à Saint-Servan, elle s'y plaça comme servante à l'hôpital du Rosais. Elle avait alors vingt-cinq ans.

« Une vieille demoiselle qui aimait les pauvres et les secourait (1) », la voyant si dévouée aux misérables la prit à son service et lui fit partager sa vie pieuse et charitable.

La maitresse et la servante faisaient partie du Tiers ordre du Sacré-Cœur, établi par le vénérable père Eudes, en 1648 et encore fort répandu à cette époque en Bretagne. Elles vécurent ensemble près de vingt ans. En 1838, M^{lle} Lecoq mourut, laissant à Jeanne Jugan son mobilier. Celle-ci avait fait sur ses gages six cents francs d'économie. Cette petite somme paraissait presqu'une fortune, à cette fille de pauvre pêcheur de Cancale, habituée dans son enfance à la vie au jour le jour, aussi résolut-elle de ne plus entrer en condition. Elle avait quarante-six ans et aucun parent à soutenir. D'ailleurs comme elle était excellente ouvrière et très aimée à Saint-Servan, elle était certaine de ne pas manquer d'ouvrage.

Jeanne Jugan connaissait l'ancienne servante d'un ecclésiastique, que la mort de son maître laissait isolée comme elle. Toutes deux s'entendirent pour louer

_________

(1) Abbé Leroy.

dans une maison de faubourg un petit appartement, composé de deux chambres et d'un grenier.

Françoise Aubert avait une petite rente léguée par le prêtre qu'elle avait servi ; Jeanne allait en journées ou soignait les malades, mais ses préférés étaient les malades pauvres.

C'était à ceux-là qu'elle prodiguait ses soins les plus attentifs, ses veilles les plus longues.


## III

### DÉBUTS DE L'ŒUVRE


Il n'y avait pas d'hospice à Saint-Servan. Les infirmes, les vieillards se traînaient dans les rues, aux portes des églises, implorant la charité publique, ou achevaient de mourir dans leurs réduits infects.

« Au commencement de 1839, Jeanne apprend qu'une vieille femme infirme et aveugle vient de perdre sa sœur, l'unique personne qui la soignait et qui allait lui chercher son pain ; touchée de son sort, Jeanne la fait transporter dans sa maison et l'adopte pour sa mère. La nourriture de cette dernière ne l'inquiète pas beaucoup, pour la faire vivre, elle travaillera plus avant dans la nuit. Peu de temps après, une ancienne servante qui avait fidèlement servi et sans gages, jusqu'à leur mort, ses maîtres tombés dans la détresse et qui non seulement les avait servis ainsi, mais avait dépensé pour eux toutes ses économies, tout étant épuisé, avait fini par aller leur chercher du pain et à elle aussi. Après leur décès faible et infirme elle expose à Jeanne son triste sort, celle-ci à l'instant la recueille avec joie... (1) »

Jeanne avait installé ses deux vieilles dans sa chambre. Les trois lits se touchaient encombrant tellement la pièce, que la vaillante fille était obligée pour travailler de s'asseoir sur le palier.

Virginie Tredaniel partageait la chambre de Françoise Aubert. Toutes deux aidaient Jeanne Jugan dans les soins que nécessitaient les deux pauvres infirmes, mettant en commun leurs modiques ressources.

Toutes les fois qu'elle le pouvait, Marie Jamet venait rejoindre son amie et prendre sa part de l'œuvre de miséricorde. De jour en jour, les deux jeunes filles s'orientaient dans un sens plus strictement religieux. Sur le conseil de l'abbé Le Pailleur elles s'étaient donné un règlement de vie, leur imposant « la pratique de l'oraison et du recueillement, l'assistance à la messe et la fréquentation des sacrements, un ordre suivi pour l'emploi de la journée, le contrôle de la conduite par les examens, l'exercice des vertus chrétiennes... (2) »

L'œuvre superbe était en germe, dans cet article du règlement de vie des deux pieuses enfants de Marie. « Nous pratiquerons à l'égard du prochain tous les devoirs de charité qui seront en notre pouvoir ; nous aimerons surtout à agir avec bonté et douceur envers les enfants, les pauvres, les malades et les infirmes et nous ne leur refuserons pas nos soins, toutefois lorsque l'occasion se présentera. »

Il y avait des années que Jeanne Jugan mettait en

_______________

(1) Mémoire présenté à l'académie pour le prix Montyon.
(2) Abbé Leroy.

pratique ce charitable programme, mais c'est seulement à partir de l'automne de 1840, que l'œuvre d'hospitalité inconsciemment créée par Jeanne, prit un caractère de stabilité et d'association.

Au mois de décembre, une jeune ouvrière de Saint-Servan, nommée Madeleine Bourges tomba dangereusement malade. Jeanne et Françoise la prirent chez elles et leurs bons soins la guérirent. Pendant sa longue maladie, la jeune fille apprit à connaître l'œuvre de miséricorde à laquelle s'adonnaient ses pieuses hôtesses et elle résolut de consacrer à la charité, la vie dont elle avait fait le sacrifice et que Dieu lui rendait.

## IV

### LE PREMIER ASILE

Le soin des deux vieilles infirmes recueillies par Jeanne Jugan ne suffisait pas à apaiser sa soif de dévouement. Elles étaient si nombreuses à Saint-Servan, les pauvres *bonnes femmes* qui s'en allaient vers leur éternité dans l'abandon et la misère ; mais il n'y avait pas moyen de caser même un seul lit de plus, dans le petit logis de Jeanne Jugan. L'abbé Le Pailleur et ses pénitentes se mirent alors en quête d'un appartement un peu plus vaste et cependant de prix très modeste.

On finit par découvrir pour cent francs par an, près du port Solidor, une maison longue et basse, sorte de hangar clos ; il n'y avait ni parquet, ni carrelage. Une seule porte vitrée donnant sur la rue et deux étroites fenêtres ouvrant sur une ruelle laissaient passer un peu d'air et de lumière. Une

très grande cheminée servait plutôt à compléter l'aé-
ration qu'à chauffer cette sorte de cave, qu'une cloison
séparait en deux.

Telle quelle cette misérable cahute enchanta
Jeanne Jugan et ses compagnes ; elles allaient avoir
la possibilité d'enlever à des taudis, plus misérables
encore quelques pauvresses de plus.

Le 29 septembre 1841, jour de la saint Michel,
hospitalières et hospitalisées prenaient possession
de cet hospice rudimentaire.

Quatre nouvelles bonnes femmes y trouvèrent
asile. Un mois après lorsque l'abbé de Bonteville,
le curé de Saint-Servan, vint bénir la maison elles
étaient au nombre de douze.

Comment pourvoir à la nourriture, à l'entretien de
cette douzaine de vieilles femmes infirmes ?... Le problème aurait semblé insoluble à une âme moins ardemment charitable que Jeanne Jugan.

« Puisque je n'ai plus de pain à leur donner, dit-
elle j'irai leur en chercher, aussi bien cette tâche me
convient mieux qu'à ces misérables cassés par les
ans et les infirmités... Elle demande à ses pauvres le
noms des personnes bienfaisantes qui les assistaient
et elle va elle-même solliciter leurs aumônes... Elle
était connue, elle était respectée on ne lui refusa
guère (1). » Elle prenait tout ; non seulement la
pièce blanche du riche et le sou de la femme du pêcheur donné pour porter bonheur à l'homme parti en
mer, mais tout ce qui semble hors d'usage : vieux morceaux de pain avec lesquels on trempait la soupe des
bonnes femmes et de leurs hotesses, débris de viandes
et de légumes, vêtements usés, souliers éculés, tout
était accueilli avec un joyeux merci par Jeanne Jugan.

(1) Rapport pour le prix Montyon.

« Désormais la quête entre dans l'œuvre comme un élément essentiel et lui donne avec les moyens de vivre un nouveau caractère de charité » (1).

Chaque dimanche, les bonnes vieilles bien proprettes étaient conduites à l'Eglise par les vaillantes filles qui les avaient adoptées pour mères. C'était une des curiosités de la ville de voir passer les *Jeanne Jugan*. C'était ainsi qu'au début on appelait les pauvresses et leurs bienfaitrices.

## V

ACHATS DE LA PREMIÈRE MAISON. — PREMIÈRES DIFFICULTÉS. — VEXATIONS ADMINISTRATIVES.

L'œuvre de Jeanne Jugan était encore au berceau que déjà elle subissait la loi commune à toute œuvre d'ici bas ; excitant tout à la fois d'enthousiastes admirations et de violentes critiques.

Tandis que les uns s'émerveillaient d'un aussi sublime dévouement et dans une mesure plus ou moins large s'en faisaient les coopérateurs, les autres blâmaient à outrance et cherchaient à entraver une entreprise en dehors de toutes les traditions.

Heureusement pour l'œuvre naissante l'abbé de Bonteville l'approuvait et la soutenait ouvertement. Forts de l'assentiment de leur curé, l'abbé Le Pailleur et Jeanne Jugan songèrent à chercher une plus grande maison pour assister plus de pauvres. Il y avait tant de misères parmi cette population de pêcheurs, où si souvent, la mer englou-

(1) Abbé Leroy.

tissait dans ses abîmes les soutiens de familles!...

Un ancien couvent de religieuses de la Croix était alors en vente. L'acheter devint le rêve de la petite communauté. On n'avait pas d'argent. On invoqua le Père Céleste qui nourrit les oiseaux du ciel. Des offres généreuses surgirent, l'abbé vendit sa montre en or, le calice et les burettes en argent, qui lui avaient été donnés pour sa première messe et le contrat de vente fut signé le 2 février 1842, non sans soulever de très vives oppositions.

Si l'on voulait fonder un hospice ne valait-il pas mieux en confier le soin à une congrégation existante. Pourquoi cette innovation de confier un asile de vieillards à des ouvrières ignorantes, n'ayant pour subsister elles et leurs protégées, que le produit incertain de quêtes perpétuelles ?

Les plus bienveillants demandaient l'adjonction d'un comité de dames, pour soutenir et contrôler l'œuvre créée par des filles du peuple, déclarant qu'il était impossible qu'elle se maintienne, livrée aux seules forces de ses humbles fondatrices.

Appuyé par son curé, l'abbé Le Pailleur défendait énergiquement son œuvre. Il en référa au chef du diocèse, qui après une sérieuse enquête lui donna raison. L'administration civile ne voulut pas faire naître de conflit avec l'autorité diocésaine, mais elle manifesta son mécontentement par de mesquines vexations infligées à Jeanne Jugan.

Ainsi au début, lorsqu'elle venait au bureau de bienfaisance, pour recevoir les bons de pains et les secours accordés aux indigentes qu'elle hospitalisait, on la traitait avec égard, la faisant entrer dans la cour pour attendre son tour. La première fois qu'elle se présenta après cette affaire de la maison, qui avait passionné tout Saint-Servan, la distributrice la rencontrant dans la cour, lui dit durement d'aller dehors avec les pauvres. Jeanne obéit aussitôt, remerciant Dieu en son cœur de cette humiliation et depuis elle allait prendre son rang parmi les mendiants. Elle n'eut pas longtemps à subir les interminables attentes sous la pluie et le soleil, mêlée à la foule des misérables. Au mois d'août 1842, une mesquine décision du bureau de bienfaisance enlevait à toutes les femmes hospitalisées par Jeanne Jugan, les secours en pain, linge, argent, qui leur avait été accordés jusqu'alors; sous prétexte, qu'ayant un asile elles n'en avaient plus besoin.

Cette décision fut une cruelle épreuve pour Jeanne et ses compagnes. On arrivait à remplacer les bons de pains administratifs par la quête, mais le linge était plus difficile à se procurer.

Dans leur détresse, celles qu'on appelait déjà les *Petites sœurs*, se souvinrent de la parole du Divin Maître : « Demandez et vous recevrez ». Elles se souvinrent aussi, que le premier miracle de Jésus avait été fait à la prière de Marie et pour obtenir, elles résolurent de s'adresser à la mère du Tout-Puissant. On était au moment de la fête de l'Assomption. Avec l'aide d'un brave gendarme, qui s'était fait le menuisier du petit hospice, on organisa dans la pièce qui servait de dortoir et de salle, un autel que les gens du quartier aidèrent à décorer. On y mit une statue de la sainte Vierge. Les petites sœurs y attachèrent les modestes joyaux qu'elles possédaient. Les anneaux d'argent, les petites boucles d'oreilles, les croix d'or, transmises de génération en génération. Aux pieds de la statue, elles apportèrent le peu de linge qui se trouvait dans la maison et avec une foi ardente, elles commencèrent une neuvaine, ajoutant à leurs *ave* cette supplication : « Bonne mère, voyez notre détresse, nous n'avons pas de linge pour changer vos enfants ! »

Tout se sait vite dans une petite ville de province, et la curiosité y est toujours en éveil. De tous côtés, on vint voir la chappelle improvisée des « Jeanne Jugan ». Leur dénuement émut les visiteurs et bien-tôt les offrandes affluèrent à l'asile.

La foi avait fait un miracle de plus et l'œuvre sortait triomphante, de l'épreuve qui l'avait si rudement battue en brèche, menaçant de l'étouffer dans son ber-ceau.

## VI

PREMIÈRE ORGANISATION RELIGIEUSE. — TÉMOI-GNAGE DE SYMPATHIE DES FRÈRES SAINT JEAN DE DIEU. — VISITE DE L'ÉVÊQUE DE RENNES.

Au mois de mai 1842, un pas décisif fut fait par Jeanne Jugan et ses compagnes. Jusqu'à cette époque aucun lien religieux ne les attachait les unes aux autres. L'abbé Le Pailleur leur ayant fait comprendre que ce lien donnerait force et durée à leur œuvre, elles résolurent de le contrac-ter.

Depuis leur installation au faubourg Solidor, les pieuses hospitalières se réunissaient faute de place, chez une voisine de l'asile, qui leur prêtait une chambre, où de temps en temps elles venaient se re-cueillir et se former insensiblement à la vie reli-gieuses, sous la direction de l'abbé Le Pailleur.

Jeanne Jugan, Marie Jamet, Madeleine Bourges se donnèrent rendez-vous dans leur petit cénacle, le jour de la Fête Dieu, qui tombait cette année là le 29 mai, afin « de nommer une supérieure et d'ajouter au règlement » (1).

Deux des fondatrices manquaient à la réunion. Virginie Trédaniel avait momentanément quitté Saint-Servan, pour aller dans une petite ville voisine acquérir un peu d'instruction. L'œuvre n'avait pas encore reçu sa forme définitive et les pieuses filles pensaient alors à s'occuper aussi des enfants abandonnés. Quant à Françoise Aubert, elle se trouvait trop vieille pour rien changer à son existence et demandait à rester simplement dans la maison jusqu'à sa mort, pour aider dans la mesure de ses forces au soin des infirmes.

A l'unanimité, Jeanne Jugan fut choisie comme supérieure. Ses cinquante ans lui donnaient aux yeux de tous, une autorité, que ne pouvaient avoir ses compagnes infiniment plus jeunes, puis, elle était universellement connue et respectée dans la ville. Marie Jamet et Madeleine Bourges prirent à haute voix la résolution de lui obéir. Cependant « sans faire de vœu, afin de ne pas s'engager sous peine de péché, mais seulement parce qu'en obéissant elles faisaient une chose plus parfaite » (2).

L'association en germe prit pour titre : *Les servantes des Pauvres.*

Au règlement primitif que l'abbé Le Pailleur avait peu à peu inspiré à Virginie Trédaniel et à Marie Jamet « on ajouta quelques pratiques de modestie d'obéissance, de pauvreté » (3).

L'article relatif au but de l'œuvre des servantes des Pauvres fut ainsi modifié : « Elles se dévouent

(1) Abbé Leroy.
(2) Id.
(3) Id.

pour soigner les pauvres malades et vieillards, ou autres, qui auraient quelques infirmités, de tout âge et de tout sexe, selon que se manifestera la volonté de Dieu. »

Virginie Tredaniel étant revenue à Saint-Servan au commencement de juillet, les servantes des Pauvres se réunirent de nouveau sous la présidence de l'abbé. Après avoir entendu la lecture du nouveau règlement elle accepta de s'y conformer et promit obéissance à Jeanne Jugan.

Il ne manquait plus aux servantes des Pauvres pour être tout à fait dans la voie de la perfection religieuse que de formuler le vœu de chasteté. Avec une très grande prudence, le directeur de la congrégation naissante imposa aux trois jeunes filles qui la formaient de ne les prononcer que pour six mois. Quant à Jeanne, elle était depuis longtemps engagée comme tertiaire du Sacré-Cœur.

Le jour de l'Assomption avant de conduire leurs bonnes vieilles à Vêpres, Virginie, Marie et Madeleine réunies dans la chambre qui servait de salle de communauté, prononcèrent devant leur directeur et leur supérieure le vœu simple de chasteté.

Sur ces entrefaites arrivèrent aux petites servantes des Pauvres comme une manifestation de la volonté divine, les encouragements et les bénédictions du provincial des Frères saint Jean de Dieu.

Le grand ordre hospitalier possédait alors à Dinan un important établissement, à la tête duquel se trouvait un homme éminent, le Père Félix Massat. L'abbé le Pailleur lui avait fait connaître son œuvre, sollicitant ses conseils. Le moine eut de suite le pressentiment du bien qu'accomplirait la création du vicaire de Saint-Servan et « il mit au service de l'humble association son expérience de la vie hospitalière et religieuse » (1).

En témoignage de sympathie, il envoya le diplôme d'union de prières suivant, daté du 29 août 1842 :

« Frère Benoit Verno, très humble serviteur de Dieu, au très cher dans le Christ, M. et Révérend prêtre le Pailleur, également à M<sup>me</sup> et Révérende Mère Jeanne Jugan, supérieure des jeunes personnes servant les vieillards infirmes de l'un et l'autre sexe, en la paroisse de Saint-Servan et pareillement à toutes et à chacune des supérieures et et leurs compagnes, existant maintenant et dans l'avenir, les présentes valables pour cent ans... »

Au bas de la liste des faveurs données par le prieur général de l'ordre, se lisent les deux signatures : « de Magallon provincial. — Félix Massat socius du provincial. »

Quelques semaines après l'arrivée de ce précieux diplôme, l'abbé le Pailleur et les servantes des Pauvres avaient la joie de recevoir l'évêque de Rennes, Mgr Brossais Saint Marc, dans la pauvre maison du faubourg Solidor.

Cet éclatant témoignage d'intérêt et de bienveillance eut un immense retentissement dans la ville et valut à l'œuvre de nombreuses adhésions.


## VII


DÉMÉNAGEMENT DE LA PETITE FAMILLE. — LE PREMIER VIEILLARD HOSPITALISÉ. — LES SECOURS PROVIDENTIELS


Le 29 septembre 1842, deux jours après la visite solennelle de Mgr Saint Marc, les Servantes des Pau-

(1) Abbé Leroy.

vres et leurs bonnes vieilles quittaient l'espèce de hangar, où elles avaient vécu pendant un an, pour aller s'installer dans l'ancien couvent, qui réalisait à l'heure présente toutes les ambitions de Jeanne Jugan et de ses compagnes, en leur permettant d'augmenter le nombre de leurs pensionnaires.

Ce soir de saint Michel, six pauvres vieilles de plus, mangeaient une bonne soupe bien chaude et s'endormaient dans un lit !...

Le déménagement n'avait rien coûté aux Servantes des Pauvres. Leurs voisins du faubourg Solidor, qui étaient cependant pour la plupart d'assez tristes hères au point de vue moral s'en étaient chargés et plus d'un, après avoir porté sa part du mobilier, touché par les remerciements de Jeanne, par le spectacle d'un dévouement qui surprenait sa rude et grossière nature, laissa dans la maison nouvelle les quelques sous qu'il comptait dépenser au cabaret.

Dans son bel ouvrage sur la charité privée, Maxime du Camp, parlant de l'abbé Le Pailleur disait : « Il n'a point douté de Dieu, je le comprends, il était prêtre, mais il n'a point douté des hommes, car c'est à eux que chaque jour, à chaque heure pour ainsi dire, qu'il a demandé de quoi subvenir à des nécessités qui jamais ne se reposent. »

Dieu a permis que cette sublime confiance du charitable prêtre ne soit pas déçue, et ce temps d'égoïsme à outrance, a vu s'épanouir à travers le monde comme une fleur merveilleuse, une œuvre qui ne repose que sur des offrandes au jour le jour, sur des dévouements sans cesse renouvelés.

Il y avait à peine un mois que les Servantes des pauvres étaient installées dans leur nouveau logis, que déjà le nombre de leurs hospitalisées s'élevaient à vingt-cinq.

Jusqu'alors les femmes avaient seules bénéficié de la charité de Jeanne et de ses compagnes, mais « un jour, Jeanne apprend qu'un vieillard de soixante-douze ans, Rodolphe Lainé ancien marin non pensionné, est abandonné dans un caveau humide. Elle s'y rend ; elle aperçoit un homme au visage exténué, couvert de haillons à moitié pourris, et jeté sur ce qui avait été de la paille autrefois et n'était plus qu'un hideux fumier. Ce malheureux avait une pierre pour oreiller ; son caveau était au bas d'une maison de pauvres, ceux-ci lui donnaient quelques morceaux de pain et il vivait ainsi depuis deux ans. A cet aspect Jeanne est émue de la plus vive compassion, elle sort, elle va confier ce qu'elle a vu à une personne bienfaisante et arrive un instant après avec une chemise et des vêtements propres. Quand le vieillard est changé elle le transporte en sa maison (1). »

D'autres misérables furent signalés à Jeanne Jugan, « elle les recueillit comme elle avait recueilli Rodolphe Lainé et l'asile prit une nouvelle physionomie avec le quartier des hommes et le quartier des femmes (2). »

Quelques enfants abandonnés ou infirmes, reçurent aussi l'hospitalité à cette époque de formation. Ce ne fut que quelques années plus tard, après le complet développement de leur œuvre, que les fondatrices et l'abbé Le Pailleur décidèrent de se consacrer exclusivement au soin des vieillards indigents. En 1844, *Bons vieux* ou enfants étaient au nombre de quarante dans l'asile de Saint-Servan ; au 31 décembre 1849, ils étaient soixante-cinq.

Comment faisait-on vivre ces soixante-cinq misé-

(1) Mémoire pour le prix Montyon.
(2) Abbé Leroy.

rables ? C'était le miracle permanent de la Providence, en laquelle l'abbé et les quatre Servantes des Pauvres avaient une foi inébranlable.

On ferait un volume avec tous les traits de secours arrivant presque miraculeusement à l'heure nécessaire. En voici un, entre beaucoup d'autres cités par l'abbé Leroy, l'aumonier des Petites Sœurs des Pauvres.

« Un soir après le repas des pauvres, il ne resta pour le repas des sœurs qu'un petit pain d'un sou. Elles se mirent à table, dirent le *Benedicite*, puis délibérèrent pour savoir à laquelle irait ce petit pain, chacune voulant en faire bénéficier sa voisine, bref, on fit quatre parts et chacune mangea sa bouchée. Vers huit heures, le garçon du presbytère se présenta à l'asile apportant les dessertes d'un repas. Nos quatre sœurs émues de ce secours providentiel se mirent à pleurer mais elles soupèrent. »

## VIII

### LE PRIX MONTYON DONNÉ A JEANNE JUGAN. — LA MÉDAILLE D'OR DES FRANCS-MAÇONS

Si devant Dieu, Marie Jamet, Virginie Tredaniel, Madeleine Bourges avaient le même mérite que Jeanne Jugan, il n'en était pas de même aux yeux des hommes. C'était Jeanne surtout qu'ils connaissaient, qu'ils admiraient... N'était-ce pas elle qu'ils voyaient par tous les temps, son grand panier au bras s'arrêter à toutes les portes, demandant aux riches les miettes de leurs festins, aux ouvriers l'obole du pauvre au plus pauvre, aux marchands le prélèvement de la part de Dieu.

Comme elle sait éloquemment la servante illettrée, plaider la cause de ses hospitalisés « on l'a vue souvent fondre en larmes en exposant leurs besoins, aussi il est difficile de lui résister et presque toujours elle a réussi à amollir les cœurs les plus durs. Du reste, elle n'importune personne, si on la rebute elle se retire sans manifester le moindre mécontentement, disant « une autre fois vous nous assisterez... »

Ce témoignage d'héroïque charité, c'est la voix unanime des notables de Saint-Servan qui le donne à la vaillante quêteuse, dans un mémoire envoyé à l'Académie Française, au mois de décembre 1844, pour lui faire obtenir l'un de ces prix de vertu, que venait de fonder le philanthrope Montyon...

Les académiciens partagèrent l'admiration des habitants de Saint-Servan et à la séance solennelle de 1845, Dupin, le président de la chambre des députés, dont les bons mots sont restés légendaires et qui faisait partie de la docte compagnie, résumait en termes émus les multiples actes de charité accomplis par Jeanne Jugan :

« ... L'Hospice de Saint-Servan a été formé par une pauvre servante qui n'avait pour richesses que sa charité.

« ... Il reste un problème qui se présente sans doute à l'esprit de chacun de vous : comment est-il possible que Jeanne puisse suffire aux dépenses d'une telle maison ? Que vous dirai-je ?... La Providence est grande, Jeanne est infatigable, Jeanne est éloquente, Jeanne a les prières, Jeanne a les larmes, Jeanne a le travail, Jeanne a son panier qu'elle emporte sans cesse à son bras et qu'elle rapporte toujours plein. Sainte fille ! l'Académie dépose dans ce panier la somme dont elle peut disposer ;

elle vous décerne un prix de trois mille francs. »

Les journaux sans être aussi nombreux qu'ils le sont aujourd'hui étaient déjà des faiseurs de renommée, ils jetèrent aux quatre vents du ciel le nom de la charitable Bretonne, qui en quelques jours devint une illustration européenne. Et ce n'était pas seulement les catholiques qui s'enthousiasmaient pour Jeanne Jugan. Les plus sectaires subissaient la contagion. Le fait qu'elle n'était pas officiellement une religieuse les mettait à l'aise et la société des Francs-Maçons ne craignit pas d'offrir à « la sainte laïque » une médaille d'or !...

Jeanne accepta ; n'était-ce pas sa vocation d'accepter toujours et de toutes mains pour ses pauvres ? Cependant la médaille franc-maçonne ne leur fut pas consacrée. Les Servantes des pauvres n'avaient jamais eu la possibilité d'acheter un calice pour la célébration de la messe dans leur petite chapelle. La médaille décernée à leur supérieure eut de suite sa destination. Elle fut envoyée à un orfèvre, qui la transforma en une coupe d'or pour le Saint Sacrifice.

Les trois billets de mille francs remis à Jeanne par le secrétaire de l'Académie avaient été tout aussi promptement utilisés.

La charité des Servantes des Pauvres découvrant tous les jours de nouveaux misérables à secourir, l'ancien couvent des sœurs de la Croix était devenu bien vite trop petit. Il fallait l'agrandir, ou se résigner à attendre pour recevoir d'autres hôtes que la mort ait fait sa part. Et les petites sœurs éloignaient tant qu'elles le pouvaient de leurs mains attentives et dévouées la sinistre faiseuse de places.

On décida, que le prix Montyon serait consacré aux premiers frais de construction d'un bâtiment supplémentaire, s'en remettant pour l'achever à la parole de Celui qui a dit : « considérez les oiseaux du ciel, ils ne sèment ni ne moissonnent, ils n'amassent rien dans les greniers, mais votre Père Céleste les nourrit, n'êtes vous donc pas beaucoup plus qu'eux ? Ne vous mettez donc pas en peine... Donnez et on vous donnera... »

Parmi les pauvres de l'asile se trouvait une vieille poissonnière. L'ivrognerie l'avait conduite à la plus abjecte misère et elle était devenue la risée des faubourgs. Ses parents avaient essayé à plusieurs reprises de la relever, mais leurs efforts avaient été vains et ils s'étaient résignés à l'abandonner à sa déchéance. Jeanne l'avait amenée à l'asile et peu à peu elle et ses compagnes avaient converti la pécheresse endurcie. Un jour, un de ses neveux, qui habitait l'île de Jersey vint la visiter, émerveillé de la transformation opérée par les Servantes des Pauvres il résolut de leur prouver sa reconnaissance en leur léguant une somme de sept mille francs, qui arriva à point pour aider à payer l'entrepreneur. Celui-ci entraîné par le courant de générosité avait d'ailleurs présenté un mémoire très réduit, ses ouvriers ayant fait les charrois gratis.

## SECONDE PARTIE

## Développement et épanouissement de l'œuvre des Petites sœurs des Pauvres.

# I

INFLUENCE DU SAINT HOMME DE TOURS. — LA PRE-
MIÈRE POSTULANTE. — LES VŒUX DE PAUVRETÉ
ET D'HOSPITALITÉ. — LES NOMS DE RELIGION.

En 1846, la petite œuvre comme on appelait à
Saint-Servan la création de l'abbé Le Pailleur et de
Jeanne Jugan va prendre un essor considérable. Le
promoteur de ce mouvement d'expansion fut le grand
chrétien universellement vénéré dans le milieu du
XIXe siècle sous le nom du « saint homme de
Tours ».

M. Dupont amenait chaque année sa fille sur la
côte bretonne pour lui faire respirer les fortifiantes
brises marines. La Providence le conduisit dans le
voisinage de Saint-Servan. Dès qu'il connut l'œuvre
des Petites Sœurs des Pauvres, il s'y intéressa et ce
ne fut pas un intérêt banal se résumant en une large
offrande ; il apporta à l'abbé Le Pailleur l'appui
dévoué et persévérant de son intelligence du bien,
de ses relations dans le monde religieux, le soutenant

de sa sympathie, lorsque s'élevèrent les difficultés qui allaient mettre de nouveau en péril l'œuvre naissante.

Le nom de *Sœurs des Pauvres* avait été pris par Jeanne et ses compagnes au mois de février 1844. La sœur de Marie Jamet, Eulalie après avoir longtemps critiqué sa vocation était venue la rejoindre depuis quelques semaines. « Elle fut la première postulante et son entrée sembla une première bénédiction du ciel sur l'Association (1).

Guidé par les conseils du P. Félix Massat, l'abbé Le Pailleur donnait à ses filles spirituelles, une direction qui les rapprochait de jour en jour de l'état religieux. Elles ajoutaient aux vœux qu'elles avaient déjà prononcés les vœux également temporaires, de pauvreté et d'hospitalité. Ce dernier vœu dessinait nettement le but de l'œuvre sublime, sortie des cœurs vibrants de charité d'un jeune prêtre et d'humbles ouvrières.

C'est à partir de ce 7 février, qui compte parmi les dates mémorables de l'association, que les Sœurs des Pauvres se regardant désormais comme « engagées au service de Dieu et des pauvres, enhardies par la présence de la première postulante qui venait d'entrer, prirent entre elles des noms de religion : Marie Jamet eut le nom de Marie Augustine de la Compassion, Jeanne Jugan, celui de Marie de la Croix, Virginie Tredaniel celui de Marie-Thérèse de Jésus, Madeleine Bourges celui de Marie-Joseph... aux yeux du monde rien n'était changé, mais à l'intérieur elles agissaient en religieuses (2). »

(1) Abbé Leroy.
(2) Id.

## II

**MARIE JAMET SUPÉRIEURE. — FONDATION DE L'ASILE DE RENNES. — ADMIRABLE FOI DES SŒURS**

La Providence qui donne à chacun son rôle en ce monde avait créé Jeanne Jugan pour être « le pionnier de la famille hospitalière. Comme elle avait reçu d'en haut l'intelligence du vieillard pauvre et délaissé, de même elle reçut l'intelligence de la quête et le génie de charité dont elle était douée lui en fit découvrir les ressources providentielles (1). »

Mais ce rôle de quêteuse qui l'obligeait à être constamment au dehors pouvait difficilement se concilier avec la charge de la direction intérieure de la maison et le 23 décembre 1843, le supériorat fut remis à Marie Jamet « qui avait le don du gouvernement » (2).

Libre désormais de tout son temps, Jeanne Jugan rêva d'élargir le cercle de ses quêtes, on la vit avec son légendaire panier dans les rues de Saint-Mâlo, sur le port, implorant la charité de tous pour ses « bons vieux ». Et toujours elle revenait son panier rempli à déborder.

Des amis de l'œuvre lui conseillèrent alors d'aller quêter à Rennes. L'infatigable fille était toute prête à partir, fut-ce au bout du monde, si elle avait l'espérance de recueillir des aumônes lui permettant de donner un gîte et des soins à plus de miséreux. Le 19 janvier 1846, elle quittait Saint-Servan, munie

(1) Abbé Leroy.
(2) Id.

d'un certificat du maire et se mettait en route pour Rennes à la garde de Dieu ».

« Son nom était une recommandation. » Toutes les portes s'ouvrirent devant elle. Le préfet la reçut comme l'évêque ; tous deux la firent causer de son œuvre et l'assurèrent de leur bienveillance. En lui remettant son offrande, Mgr Saint-Marc lui dit en plaisantant — « Vous allez faire tort aux pauvres de la ville ».

« Alors Jeanne dans sa candeur et sa hardiesse dit qu'elle ne demandait pas mieux de ne rien emporter à Saint-Servan et de soigner les pauvres de Rennes (1).

L'évêque ne voulant pas s'engager à la légère ne releva pas le propos, mais Jeanne parla de son projet de création d'un asile, à plusieurs personnes charitables de Rennes et l'idée fit son chemin. Avertie par Jeanne, la supérieure lui écrivit : « Quoi le bon Dieu voudrait encore nous confier d'autres pauvres, nous ne sommes pas dignes, d'une si belle mission ! si vous avez le bonheur de recueillir des pauvres, faites nous le savoir de suite. J'irai vous trouver ».

La semeuse n'eut pas longtemps à attendre la première récolte. Le 28 février, Jeanne Jugan et sa supérieure avaient la joie de donner asile à dix « bonnes femmes. »

L'asile bien modeste se composait de deux pièces, dont une fort petite, mais c'était une prise de possession. Dieu ferait le reste.

Se conformant à la recommandation de l'Evangile « demandez et vous recevrez » les deux Sœurs des Pauvres priaient ardemment. On était dans le mois de saint Joseph et c'est à lui qu'elles s'adressaient pour trouver une maison.

(1) Abbé Leroy.

Le 19 mars Marie Jamet laissant les bonnes femmes à la garde de Jeanne se rendit à la première messe de l'église de Toussaints, elle y fit la communion. Comme elle achevait son action de grâce, une personne s'approcha d'elle.

— Avez-vous une maison.

— Pas encore, répondit tristement la sœur.

— J'ai votre affaire.

Le cœur débordant de reconnaissance pour cette visible intervention du chef de la Sainte Famille, Marie Jamet s'inclina devant l'autel et joyeuse, partit visité la maison située dans le faubourg de la Madeleine. Elle réalisait en tout point ses rêves hospitaliers, on y pouvait loger une cinquantaine de pauvres, et un petit pavillon permettait d'organiser une chapelle. La supérieure en référa immédiatement à l'abbé Le Pailleur et à deux autres vicaires de Saint-Servan, les abbés Diot et Rougerie, qui s'étaient eux aussi entièrement donnés à l'œuvre. Les trois prêtres approuvèrent l'acquisition et en assumèrent la responsabilité.

L'acte fut signé le 25 mars et le jour même les sœurs s'y installaient avec leurs pauvres.

Le maire, le préfet donnèrent par écrit « à Jeanne Jugan et à Françoise Trevily sa compagne, l'autorisation de faire la quête dans la ville et le département ».

Le produit de ces quêtes n'était pas toujours en rapport avec les besoins de l'asile et la jeune supérieure Eulalie Jamet avait souvent à batailler avec Dame Pauvreté, mais la Providence veillait et le secours pieusement espéré ne faisait jamais défaut.

« Un soir la sœur cuisinière vint demander s'il fallait sonner le souper, attendu qu'elle n'avait rien à servir aux sœurs.

« — Les pauvres ont-ils mangé leur content ? s'informa la supérieure.

« — Oui ma bonne mère.

« — C'est bien, il faut tout de même sonner pour accomplir la règle.

« On se rend au réfectoire, on récite le *benedicite*, on se met à table il n'y avait rien... on se met à faire la lecture pour nourrir au moins l'âme... mais voilà que la sonnette résonne, une sœur va voir à la porterie; c'est un domestique qui arrive, remet un souper tout chaud, en disant que sa maîtresse avait eu peur que les sœurs n'eussent faim et qu'elle avait passé sa soirée à leur préparer elle-même un bon souper (1). »

Une autre fois qu'il fallait absolument faire la lessive (on n'était pas riche en linge à l'asile de la Madeleine,) le bucher se trouva tout à fait vide. Les sœurs ne se troublèrent pas. Joignant leurs mains, si activement occupées du soin des membres souffrants du Christ leur Maître, elles prièrent ardemment le Père Céleste, qui prend soin de l'oiseau du ciel et de la fleur des champs et bientôt un homme conduisant une charrette de bois s'arrêtait à la porte de l'asile, en disant que son maître lui avait donné l'ordre de l'apporter tout cassé, pensant que les sœurs n'avaient pas le moyen de payer un casseur de bois.

Reconnaissantes mais non surprises, car dans leur naïve confiance, elles n'avaient jamais douté du secours providentiel, les sœurs allumèrent aussitôt le bois de la charité et jamais lessive ne se fit si joyeusement.

(1) Abbé Leroy.

## III

FONDATION DE DINAN. — LA VIEILLE TOUR DE LA PORTE DE BREST. — RÉCIT D'UN VISITEUR ANGLAIS.

La charité est contagieuse. Une pieuse fille de Dinan M<sup>lle</sup> Follen, qui avait visité l'asile de Saint-Servan et en était une des bienfaitrices, souhaita pour les pauvres de sa ville natale un semblable refuge. Puisque les sœurs venaient à Rennes, pourquoi ne s'établiraient-elles pas à Dinan ?

M<sup>lle</sup> Follen intéresse à son projet le maire et les curés, fait obtenir le consentement de l'évêque de Saint-Brieuc et le 4 août 1846, les sœurs prenaient possession d'une des tours des anciennes fortifications, que la ville leur offrait en attendant qu'elles eussent la possibilité de se mieux installer.

Jeanne Jugan était naturellement accourue prendre son poste de créatrice, sa renommée l'avait suivie et de tous côtés, on venait voir cette fille de pêcheur qui accomplissait des miracles de charité. Les Anglais affluaient déjà sur cette partie de la côte Bretonne et l'un d'eux, publia un intéressant récit de sa visite qui est conservé dans les archives des Petites Sœurs.

« ... Trois semaines après son arrivée dans la vieille tour... j'eus le bonheur de voir Jeanne Jugan avec ses compagnes et cinq ou six pauvres vieilles qu'elles avaient déjà recueillies... Il fallait franchir un escalier tournant et difficile, l'étage en était bas, les murs nus et rudes, les fenêtres petites et grillées... Quelques lits rangés dans l'enfoncement de la pièce carrelée, une ou deux vieilles chaises ou escabeaux, une petite table et quelques ustensiles formaient tout l'ameublement. Jeanne nous montra son appartement et une autre chambre un peu meilleure où les pauvres femmes travaillaient...

« Elle était simplement, mais proprement vêtue d'une robe noire, d'un bonnet et d'un mouchoir blancs. C'est le costume adopté par la communauté. Elle paraît avoir cinquante ans sa taille est moyenne, son teint bruni et elle semble usée, mais sa physionomie est sereine et pleine de bonté, on n'y remarque pas le moindre symptôme de prétention ou d'amour propre...

« Je lui demandai comment on pouvait distinguer ceux qui méritaient d'être secourus, elle me répondit qu'elle recevait ceux qui s'adressaient à elle... qu'elle s'informait chez leurs voisins de leur caractère, de leurs ressources, etc... Pour ne pas laisser dans l'oisiveté ceux qui pouvaient encore s'occuper à quelque chose, elle faisait carder de vieux morceaux d'étoffe, puis filer la laine qu'ils en retiraient, ils arrivaient ainsi à gagner un sou et demi par jour. Si elle découvrait quelqu'autre ouvrage proportionné à leurs forces, elle le leur procurait et leur laissait pour leur usage particulier un tiers de ce qu'ils pouvaient gagner ainsi.

« Comme elle ne laisse pas les pauvres sortir sans permission, ni quêter pour leur profit personnel, elle pense que son système tend à empêcher la fainéantise et la mendicité. »

La vieille tour de la porte de Brest ne tarda pas à devenir trop étroite et les sœurs se mirent en quête d'un nouvel asile. Elles trouvèrent un ancien couvent à moitié en ruines, qu'on leur laissa pour 23.000 francs, avec tous les délais qui leur seraient nécessaires pour le paiement, mais elles n'attendirent pas pour quitter l'ancienne forteresse, que les réparations fussent faites dans leur nouvelle résidence. Trop de misérables sollicitaient leur charité, elles allèrent donc s'installer provisoirement dans une maison de faubourg, un peu plus largement hospitalière.

## IV

### DIFFICILE FONDATION DE TOURS

Le succès des fondations de Rennes et de Dinan encouragea l'abbé Le Pailleur, à céder aux instances de M. Dupont et à envoyer à Tours la mère Marie Augustine, avec une novice et une postulante pour organiser un asile. Arrivée le 31 décembre 1846, la supérieure était en possession d'une maison le jour de l'Epiphanie. Trois lits, don de la famille Dupont étaient prêts pour recevoir les trois premiers pauvres, mais aucun ne s'était présenté, au grand chagrin des sœurs et de leur hôte. Comme on se mettait tristement à table pour le repas du soir, une des charitables personnes qui s'étaient mises à la recherche de pauvres pouvant être reçus à l'asile, vint prévenir qu'elle venait d'y amener une vieille femme. Toutes joyeuses, les sœurs se lèvent et se dirigent en hâte vers leur maison.

Dans le corridor elles trouvent la pauvre vieille toute grelottante, la mine hâve, les traits contractés par une haineuse misère. Les sœurs lui font fête. C'est leur présent du jour des Rois envoyé par Dieu et les voila l'installant, la choyant avec des soins de filles tendres, qui surprennent l'abandonnée.

D'autres mendiantes vinrent bientôt rejoindre celle-ci à l'asile de la Riche, un nom qui semblait une ironie. La seule richesse des sœurs étaient leur invincible Foi dans la Providence. Elles ne trouvaient pas même près des autorités civiles et diocésaines les précieux appuis qui avaient aidé à leur essor, à Rennes et à Dinan. L'archevêque comme le maire semblaient se désintéresser absolument, de l'œuvre entreprise par les Bretonnes et M. Dupont.

Malgré cette indifférence qui le désolait, le saint homme de Tours avait confiance en l'avenir. « Nos chères petites sœurs des Pauvres nous sont arrivées écrivait-il. Elles ont les sympathies de tout le monde. Elles ne se contentent pas du vœu de pauvreté, elles ont bravement fait celui de la misère ; demandant aux riches leurs restes, elles le servent aux vieillards qui se sont confiés à leurs soins maternels, puis quand ceux-ci sont repus, elles trouvent de quoi manger elles-mêmes. Serait-il possible, que Dieu ne fît rien pour elles ?... Cette œuvre des *Bonnes Femmes* est appelée à se répandre partout... »

« Les trois sœurs ayant déjà recueilli sept bonnes femmes n'avaient plus que deux paillasses. On les approchait l'une de l'autre et c'était le lit des sœurs... Le lit commun se composait d'un drap, un seul. Une huitième bonne femme arrive, elle a son lit, mais elle manque de draps. La supérieure dit à ses filles : mes enfants nous allons couper notre drap en deux pour cette pauvre femme que le bon Dieu nous envoie. Nous coucherons comme nous le pourrons. Aussitôt dit aussitôt fait. Deux sœurs étendent le drap, la bonne Marie Jamet prend les ciseaux et va le partager ; lorsqu'on entend frapper à la porte. Une des sœurs va ouvrir, un jeune homme se présente et lui remet six paires de draps. Lorsque la sœur les rapporta à ses compagnes, elles se mirent à genoux toutes trois en pleurant pour remercier Dieu » (1).

Louis Veuillot qui connaissait M. Dupont vint en cette même année 1847 visiter l'asile de Tours. Il en a tracé un tableau saisissant, plein de vie et d'émotion.

« La maison renfermait alors quatre vieillards hommes et vingt-six pauvres femmes, âgées de soixante dix à quatre-vingt-dix ans. Toutes les misères physiques et morales sont là rassemblées ; mais non elles n'y sont plus : elles n'ont pu franchir ce seuil, où l'espoir, l'amour et la paix attendent ceux que personne n'aime et qui n'ont plus ni paix ni espérance... Entre ces jeunes sœurs et ces vieillards, il y a un échange d'affection et de respect qui réjouit le cœur.

« Toutefois les nouveaux arrivés ne sont pas toujours tendres. Les sœurs ont été plus d'une fois battues. L'un de ces hommes se montrait rude et impoli. « C'est un esprit fort me dit-on en souriant, il a beaucoup lu et il méprise encore un peu ceux qui croient en Dieu et qui prient. Dans un mois, vous ne le reconnaîtrez plus, il se sera confessé.

« A l'infirmerie, un seul lit était occupé. Une bonne vieille y mourait la paix sur le visage, le crucifix aux mains. Elle avait été administrée dans la matinée, nous lui demandâmes comment elle se trouvait ?

« — Heureuse répondit-elle, bientôt Dieu me donnera place dans son paradis »...

— Voilà nous dit M<sup>me</sup> Marie Augustine, la pre-

_________

(1) Léon Aubineau.

mière conquête que nous fîmes ici. Lorsque nous arrivâmes, ses enfants, des ouvriers pourtant qui gagnent leur vie venaient de la chasser ne voulant pas la nourrir davantage. Elle ne pouvait leur pardonner cette cruauté et tous ses discours n'étaient que malédiction et blasphème. Elle meurt en priant pour eux et en leur donnant du fond de son âme sa bénédiction... qu'ils ne viendront pas recevoir !...

« Les sœurs n'ont-elles pas résolu le problème d'assister le pauvre sans dégoût pour elles, sans humiliation pour lui, sans dépense pour l'Etat, sans rien imposer au public, que le plaisir de donner? Quelle est donc cette science qui fait de tels prodiges ? Eh ! mon Dieu ! c'est tout simplement la science de Jésus crucifié. »

« Peu à peu l'archevêque Mgr Morlot sortit de l'attitude pleine de réserve, qu'il avait adoptée au moment de l'installation à Tours des Petites Sœurs des Pauvres et au commencement de 1848, il les encouragea à acheter un couvent que les religieuses de la Présentation mettaient en vente, donnant « à entendre qu'il verrait sans déplaisir la maison mère et le noviciat s'y établir. » (1)

Les Petites Sœurs s'empressèrent de profiter de cette demi autorisation et en 1849, elles avaient une quinzaine de jeunes filles au noviciat sous la direction de l'abbé Le Pailleur.

L'asile qui portait le nom de *Maison pour les vieillards et infirmes* abritait alors une cinquantaine de pauvres. Au grand regret des fondateurs de l'œuvre, sa principale ressource, la quête de porte en porte leur faisait défaut. A l'archevêché aussi bien

_______

(1) Abbé Leroy.

qu'à la préfecture et à la mairie, on leur avait obstinément refusé jusqu'alors les autorisations nécessaires.

« On se décida à employer le grand moyen, on fit venir Jeanne Jugan. »

« Depuis deux jours écrivait joyeusement M. Dupont à la date du 12 février 1849, nous avons l'honneur de posséder la mère de toutes ces petites sœurs. Quelle admirable confiance en Dieu ! Quel amour de son saint nom ! Les grossiers gens du monde croient que cette *chercheuse de pain* comme elle s'appelle, leur demande l'aumône, mais si leurs yeux s'ouvraient, ils comprendraient eux, qu'ils en reçoivent une immense, en entendant parler si amoureusement et si simplement de la Providence de Dieu. »

Jeanne Jugan sut émouvoir tous les cœurs et quelques jours à peine après son arrivée à Tours, elle avait pour elle et ses compagnes l'autorisation de quêter partout où bon lui semblerait.


## V


### ÉTABLISSEMENT DE L'ŒUVRE DES PETITES SŒURS DES PAUVRES A PARIS


Avec le succès, l'ambition grandissait dans les âmes ardentes des Sœurs des Pauvres et Tours ne leur sembla qu'une étape sur la route de Paris, ce grand foyer de misères et de charité.

Toutes les œuvres d'assistance s'enchaînent, la supérieure arriva dans la grande ville sous l'égide de la conférence de saint Vincent de Paul de Tours. L'un de ses membres, le comte d'Outremont qui devait bientôt quitter le monde pour entrer dans les ordres, (1) avait chaleureusement recommandé au président d'une des conférences de Paris cette œuvre de vieillards.

La mission de dévouement que se donnaient les Sœurs des Pauvres excita l'admiration de cette élite de la charité, que formaient les diverses conférences de Paris. Une réunion générale fut immédiatement convoquée afin de s'entendre avec la supérieure sur l'établissement de l'œuvre et son organisation à Paris.

Pour un grand nombre de membres, la façon d'agir habituelle de Marie Jamet et de Jeanne Jugan semblait tout à fait impraticable.

Mais la fondatrice ne se laissa pas troubler par les objections. Simplement, doucement, elle démontra que rien n'empêchait au point de vue pratique de continuer la tradition. On avait réussi dans quatre villes en se confiant uniquement en la Providence, pourquoi ne réussirait-on pas à Paris avec les mêmes moyens. N'était-ce pas douter de Dieu ? Il fallait laisser l'œuvre telle qu'elle était, se faisant l'auxilliaire des autres œuvres, recevant leur appui, mais conservant son indépendance.

Inspirée par l'esprit divin, la fille du peuple, l'humble ouvrière, convainquit l'assemblée composée des hommes les plus éminents du monde religieux de Paris, et ils la laissèrent libre d'agir à sa guise.

La sœur Marie-Augustine et sa compagne commencèrent aussitôt leurs recherches. On leur avait donné asile au refuge de Nazareth et comme elles n'étaient munies que d'une très petite somme, les

(1) Il est mort sur le siège épiscopal du Mans.

conférences de saint Vincent de Paul leur avaient offert des bons de pain et de viande des fourneaux économiques.

Après avoir battu pendant deux mois les faubourgs parisiens, à la recherche d'un logis possible à louer, la supérieure repartit pour Tours, laissant la sœur Marie-Louise continuer seule ses recherches, deux mois se passèrent encore sans rien trouver, aucun propriétaire ne consentant à louer à des inconnues, sans références financières sérieuses.

Touché du chagrin de la petite sœur, le médecin du refuge de Nazareth se mit lui aussi à la recherche, il découvrit très vite rue Saint-Jacques, une maison pouvant convenir. Généreusement il assuma les responsabilités pécuniaires, le bail fut signé et le 1ᵉʳ août 1859, les Petites Sœurs prenaient toutes joyeuses, possession de leur asile avec leurs premiers vieillards.

En quelques mois, l'œuvre était devenue tellement populaire dans tous les quartiers environnants, que les gardes nationaux de la 10ᵉ légion voulurent contribuer à la fondation d'une nouvelle maison. Ils donnèrent 14.000 francs, à la condition que chaque compagnie de la légion aurait droit à deux lits, moyennant une subvention annuelle de 100 francs, ou de 80 francs, selon le sexe des hospitalisés.

Cette seconde maison ouverte le 15 mars 1851 rue du Regard, fut bientôt comprise dans une expropriation de la ville ; grâce à M. Cochin, maire du xᵉ arrondissement, dont l'active coopération à toutes les œuvres charitables est restée légendaire, l'asile fut transféré avenue de Breteuil. Construit pour sa destination il permettait d'abriter plus de pauvres.

L'une après l'autre quatre nouvelles maisons seront fondées à Paris : rue de Picpus, rue Notre Dame des Champs, rue Philippe de Girard, à Auteuil, devenu le XVIᵉ arrondissement; deux dans la banlieue : à Saint-Denis et à Levallois-Perret.

« Si les Petites Sœurs des Pauvres, dont le dévouement ne demande qu'à se multiplier, possédaient vingt maisons à Paris, une par arrondissement, bien des pauvres vieillards pourraient manger à leur faim et mourraient en paix, réconciliés avec eux-mêmes, sans colère et croyant à une vie meilleure » (1).

## VI

FONDATION DE NANTES. — BESANÇON. — ANGERS. — BORDEAUX. — LYON. — ROUEN. — NANCY. — EXTENSION A L'ÉTRANGER. — L'ŒUVRE AU DÉBUT DU XXᵉ SIÈCLE.

De 1849 à 1851, l'œuvre des Petites Sœurs des Pauvres prit un essor considérable, les fondations continuaient à se faire avec la même absence de ressources, le même abandon à la Providence.

A Nantes, Virginie Tredaniel qu'on appelait maintenant la bonne mère Marie-Thérèse, avait ouvert l'asile le vendredi Saint (2), « n'ayant ni paillasses, ni couvertures, ni lits, ni chaises, mais trois francs en bourse, avec la charge d'un loyer de 800 francs (3) ».

La conférence de saint Vincent de Paul promit une allocation annuelle de 45 francs pour chaque vieillard placé par elle.

(1) Maxime du Camp. *La Charité privée à Paris.*
(2) 6 avril 1849.
(3) Abbé Leroy.

Trois mois après les sœurs hospitalisaient quarante pauvres et c'était à qui leur viendrait en aide. Le comte Urvoy de Saint Bedan donne à la ville sa collection de tableaux, à la condition que la municipalité mettra cent vingt mille francs à la disposition des sœurs pour construire un asile.

Au mois de mai 1849, c'est une fille de Junot, tout adonnée aux œuvres charitables, qui leur offre à Besançon la moitié de son habitation et des meubles.

A Angers, la fondation est faite par Jeanne Jugan, c'est elle qui organise les quêtes et comme jadis à Saint Servan les Sœurs des Pauvres sont baptisées « les Jeanne Jugan ».

Presqu'en même temps deux petites sœurs arrivaient à Bordeaux. « Après avoir cherché en vain pendant trois semaines une maison, elles s'égarèrent à l'extrémité de la ville et s'assirent fatiguées au bord du chemin, une servante s'approcha pour causer et ayant été mise au courant de l'affaire, indiqua dans le voisinage une grande maison abandonnée, qu'on disait hantée et qu'on appelait « le château du Diable »... Les deux sœurs le visitèrent, puis le louèrent à raison de onze cents francs par an, sous la responsabilité de quelques amis. Elles s'y transportèrent et firent choix d'une chambre pour passer la première nuit. Vers dix heures, un vacarme épouvantable se fit entendre et une flamme bleuâtre parut dans la ruelle des lits, on entendit en même temps un cri lugubre... Ces bruits nocturnes persistèrent pendant trois mois ; ils cessèrent subitement le jour où l'on conserva le Saint Sacrement dans l'humble chapelle.

« Six mois après le début, il y avait vingt-cinq pauvres... et la quête allait bien. Ce fut à Bordeaux

que les petites sœurs adoptèrent l'usage d'un âne
pour la quête en nature et le transport des provisions. (1) »

A Paris chaque maison a une voiture installée *ad
hoc*, avec de grands récipients de fer blanc, pour
contenir les différents restes qui seront donnés aux
sœurs et des sacs pour les légumes, remis par les
fruitiers et dans les marchés. Un cheval traîne la
voiture de la charité. Il ne coûte rien à l'œuvre.
C'est la compagnie des petites voitures qui le fournit,
grâce à la généreuse initiative de M. Bixio son ancien
directeur.

A Lyon, où les petites sœurs s'installèrent le
1er décembre 1851, ce fut l'archevêque, le cardinal
de Bonald, qui leur donna l'âne pour porter les
provisions recueillies de porte en porte. Deux
grands paniers étaient placés sur le dos de l'âne,
qu'une des sœurs conduisait par la bride à travers
les rues. L'âne était parfois récalcitrant et les
passants s'arrêtaient et souvent riaient de cette
lutte entre cette femme jeune, empêtrée de sa grande
mante noire et la bête rétive.

Mais peu importait aux Petites Sœurs les railleries
grossières, elles songeaient à leur famille de pauvres,
à saint Joseph leur protecteur conduisant l'âne
dans la fuite en Egypte, à Jésus le roi du ciel,
l'époux de leurs âmes, entrant à Jérusalem monté
sur une ânesse suivie de son ânon et quand on les
humiliait elles bénissaient Dieu.

Un jour, une des petites sœurs fut accablée
d'injures par un commerçant lyonnais chez lequel
elle était entrée. Quand le brutal personnage eut
achevé sa philippique contre les quémandeuses perpétuelles, la petite sœur lui dit doucement :

(1) Abbé Leroy.

« — Maintenant que vous m'avez donné pour moi, s'il vous plaît, donnez-moi pour mes pauvres. »

L'homme surpris regarda ce visage de femme, qu'illuminait la flamme du sacrifice ; la sensation d'un idéal surnaturel le fit tressaillir et pénétré de regrets et de honte il donna une large offrande.

A Rouen, au mois d'aout 1850, les petites sœurs furent reçues avec enthousiasme. « Ce sont des bonnes sœurs qui quêtent pour les pauvres vieillards, disaient les femmes du marché, donnons leur, car lorsque nous serons vieilles elles en feront autant pour nous. »

La supérieure, une supérieure de dix-neuf ans, qui n'était que postulante, écrivait à la maison mère : « La foule qui nous entourait était si grande que pour voir et pour parler, il fallait monter sur des chaises et fendre la foule pour venir déposer son offrande pour les pauvres vieillards... Les gens des magasins environnants... eux aussi apportent leur offrande : du linge, des vêtements, de la viande, de l'argent. Notre âne, car on nous en avait donné un, avait deux fortes charges et ces braves gens nous disaient de retourner chaque semaine (1). »

Le cardinal de Bonnechose, l'éminent archevêque, s'était montré plein de bienvaillance pour les nouvelles venues. « Je désire que vous fassiez le bien avait-il dit à la mère Marie-Augustine, je vous regarde comme de bonnes filles, et plus tard si vous le méritez, je vous compterai au nombre de mes communautés.

A Nancy la mère Marie Thérèse et les deux petites sœurs qu'elle avait amenées avec elle sur la demande de M. de Lambel trouvèrent le même bienveillant accueil près de l'évêque

(1) Citée par l'abbé Leroy.

Au mois d'avril 1851, la bonne mère Marie Thérèse se rend à Londres, appelée par le cardinal Wisemann. Il fallait une foi robuste en la Providence pour s'aventurer ainsi en pays étranger et protestant. Malgré les modifications apportées à leur costume, on traitait les Petites Sœurs de « filles du Pape » mais elles ne se laissèrent pas intimider par les regards hostiles, les intonations menaçantes ; aucune ne comprenait l'anglais et bientôt elles eurent la possibilité d'hospitaliser cent vieillards.

Sur ces entrefaites, le célèbre romancier Charles Dickens publiait dans le *Household Words* le récit de sa visite aux petites sœurs des Pauvres de la rue Saint-Jacques «… l'esprit qui règne dans toute la maison, disait-il en terminant son article, est celui d'une très grande et très aimable famille. Le sentiment qu'elles ont de consoler les derniers jours de leurs vieux pauvres et infirmes est pour leurs pénibles travaux toute la récompense des Petites Sœurs. »

L'article eut un grand retentissement en Angleterre et facilita beaucoup l'installation et le développement de l'œuvre. Dix ans après la première fondation de Londres, les Petites Sœurs des Pauvres essaimaient à Manchester, Birmingham, Plymouth, Leeds, Newcastle, Glascow, Dundee, Édimbourg, et en 1868, elles prenaient possession de l'Irlande.

A la même époque, elles s'en allaient au pays des dollars, qui est aussi le pays de la misère. En quatre ans, treize maisons furent fondées dans les principaux centres des Etats-Unis. En 1902, il y en aura 43, dont une maison de noviciat.

Moins favorisée, l'Amérique du Sud n'a encore que trois établissements : 2 au Chili 1 en Colombie.

Le Canada en possède un à Montréal.

L'Océanie, où viennent échouer tant d'épaves de

la vieille Europe, a des asiles de Petites Sœurs des Pauvres à Melbourne, Auckland, Sydney, Nouméa.

On les rencontre aussi ces douces mères des vieillards abandonnés, sur les rives du Gange. Elles se sont installées à Calcutta en 1882, sous le patronage du vice roi Lord Ripon. Depuis elles ont fait une autre fondation dans l'Hindoustan, une en Birmanie et une dans l'île de Ceylan.

A l'aurore du xxᵉ siècle, l'œuvre commencée en 1840, par Jeanne Jugan et l'abbé Le Pailleur dans une mansarde, comptait 5.483 Petites Sœurs, dont 3.415 françaises réparties dans 289 asiles.

La France a la plus large part de cette gerbe merveilleuse. La liste publiée par l'abbé Leroy, aumônier de la maison Mère donne, à la date de 1902, le chiffre de 109 établissements. Il y faut ajouter les 3 maisons attribuées à l'Allemagne : Strasbourg, Metz et Colmar, qui toutes trois ont été fondées avant 1870. Enfin sur les 5 asiles d'Afrique, la France peut en revendiquer 4 : Ceux d'Alger, Bône, Oran et Tunis.

La statistique dressée par le bureau central des œuvres de bienfaisance, pour la période s'étendant de 1846 à 1896, donne un total de plus de 13 millions de journées de vieillards, rien que pour les maisons de Paris et de sa banlieue ! Si on fait un calcul semblable pour toutes les maisons de France et des colonies, le total général dépassera 130 *millions !* « 130 millions de journées auxquelles sans caisse garnie à l'avance, les Petites Sœurs des Pauvres ont dû pourvoir, en courant chaque matin de porte en porte. Que de peines et de fatigues quotidiennes, quel incessant prodige d'activité représente l'exécution d'un pareil programme (1). »

(1) Rapport présenté par l'office central des œuvres de Bienfaisance.

# TROISIÈME PARTIE

## La Congrégation.

## I

### LES DIFFICULTÉS DU DÉBUT. — PÉNIBLES INCER-TITUDES

Le règlement de vie conseillé à Marie Jamet et à Virginie Tredaniel par leur directeur avait en se modifiant fait peu à peu d'elles et de leurs compagnes des religieuses. Elles avaient adopté l'uniformité du costume, le scapulaire noir, la ceinture de cuir, symbole de charité, le bandeau enserrant le front, symbole d'obéissance. Elles portaient entre elles des noms de religion et s'intitulaient : *Petites sœurs des pauvres*. Mais si dans le peuple on leur avait dit presque de suite : « ma Sœur » l'autorité ecclésiastique s'était montrée infiniment plus circonspecte.

« Mgr Saint-Marc sut toujours reconnaître le dévouement personnel des sœurs, le bien fait aux pauvres, mais d'autres considérations étaient en cause : le titre de religion, la valeur des vœux, l'approbation de la règle, la nomination des autorités. Il le fit entendre dans une entrevue avec la supérieure qui eut lieu en octobre 1846 et dans la décision verbale qu'il donna aux curés et confesseurs, de les considérer comme de bonnes filles, non comme des religieuses (1). »

Sur ces entrefaites arriva la fête de l'Immaculée Conception. Depuis 1842 les sœurs avaient choisi ce jour là pour la rénovation de leurs vœux. Grande fut leur perplexité. L'abbé Le Pailleur n'était plus auprès d'elles pour leur donner un conseil immédiat.

Entraîné par son zèle, le fondateur des Petites Sœurs des Pauvres avait quitté le diocèse pour aller s'installer avec deux autres vicaires de Saint-Servan, dans la propriété de Bougligny mise à leur disposition par M. Dupont (2).

Le rêve des trois prêtres était d'organiser une association de missionnaires, qui s'en iraient à travers la France, évangéliser les innombrables paroisses envahies par l'indifférence religieuse, où la Foi n'est plus qu'une vague tradition. L'idée était fort belle, bien faite pour séduire des âmes sacerdotales, mais l'heure de Dieu n'avait pas encore sonné et la tentative des « Messieurs de Bougligny » comme on les appelait, fut un insuccès.

A l'automne de 1846, cette tentative était à la période d'organisation et d'espérance ; consultés par les sœurs, les messieurs de Bougligny « répondirent en distinguant les deux espèces de vœux : les vœux tels qu'on les fait dans les congrégations religieuses approuvées par l'Eglise et les vœux privés, que toute personne peut librement contracter ; ils disaient ensuite aux sœurs que leurs vœux n'avaient pas le premier caractère et quelles ne pouvaient encore y pré-

(1) Abbé Leroy.
(2) Cette propriété était dans le diocèse de Meaux.

tendre, mais qu'elles pouvaient librement refaire leurs vœux personnels » (1).

En 1847, la fondation de Dinan avait placé les Petites Sœurs dans le diocèse de Saint-Brieuc. Elles soumirent leur règlement à l'Evêque, qui leur témoignait une grande bienveillance. Celui-ci réunit pour l'examiner, une commission ecclésiastique. « Favorable sur l'ensemble, la commission émit sa conclusion conformément au droit canonique : demander l'approbation à l'Evêque du lieu, où serait fixé la Maison-Mère. Mais où fixerait-on la Maison-Mère et quand ? Tout cela était précisément en question et loin d'être résolu » (2).

Pour cela, comme pour tout le reste les sœurs s'abandonnèrent à la Providence et en attendant que les circonstances manifestent sa divine volonté, elles continuèrent souriantes et paisibles leur œuvre de miséricorde.

En 1848, après l'acquisition de l'ancien couvent des sœurs de la Présentation, le noviciat ébauché à Saint-Servan, fut transféré à Tours. L'année suivante il comptait une quinzaine de postulantes, que vint diriger l'abbé Le Pailleur, rendu à l'œuvre dont il était le fondateur par la dissolution de l'association de Bougligny.

Mgr Morlot se montrait si favorable à l'établissement de la Maison-Mère dans son diocèse, que les sœurs eurent un instant la pensée de s'y établir, puis on réfléchit que l'œuvre risquait ainsi de devenir une simple congrégation diocésaine.

Paris sembla conserver davantage le caractère d'universalité, que les sœurs voulaient imprimer à

(1) Abbé Leroy.
(2) Id.

leur œuvre et en 1851, les novices y furent envoyées ; on ne laissa à Tours que les postulantes.

Le noviciat était encore à l'état rudimentaire. Les postulantes y passaient à peine quelques mois. Comme on avait besoin de sujets pour les fondations qui se multipliaient, on leur donnait l'habit après une très rapide formation et on les envoyait achever leur temps de noviciat dans un des asiles qui s'organisaient.

Dans ce noviciat parisien, les jeunes postulantes faisaient le complet apprentissage du « vœu de misère ». En visitant l'asile le P. de Pontlevoy entra dans le réfectoire des sœurs. Le couvert était mis. Des tasses ébréchées, dépareillées, des pots à confitures et même à moutarde y remplaçaient les verres ! Profondément ému d'un tel dénuement, le charitable Jésuite fit porter le soir même tout un assortiment de verres et de bols pour les sœurs et les vieillards.


## II


REVISION DU RÉGLEMENT DE L'ASSOCIATION DES PETITES SŒURS DES PAUVRES, — APPROBATION DE L'ÉVÊQUE DE RENNES.


Le projet d'établissement de la Maison-Mère à Paris fut très éphémère.

Un grand nombre de prêtres éminents du diocèse de Rennes regrettaient que le centre de l'œuvre ne soit pas établi en Bretagne, son pays d'origine. Ils exprimèrent ce regret à leur évêque en lui démontrant qu'il était « le protecteur né de cette petite Famille (1) ». Mgr Saint-Marc se laissa facilement con-

_____________

(1) Abbé Leroy.

vaincre. Au commencement de l'année 1851, il rappela l'abbé Le Pailleur et officiellement lui confia la congrégation naissante.

Le P. Félix Massat, l'ami de la première heure était toujours aussi dévoué. Il engagea l'abbé à venir avec lui à Lille, dans l'établissement des Frères saint Jean de Dieu pour faire dans la retraite « une révision attentive du règlement » (1). Ce règlement commençait ainsi. « Quelques pauvres filles unies pour soigner, panser, consoler les pauvres... se sont proposé de suivre la règle admirable de saint Augustin, ensuite avec l'aide de Dieu, elles se proposent d'observer les règles suivantes, avec l'aide de Marie Immaculée qu'elles ont choisie pour leur mère, de saint Augustin qu'elles ont choisi pour leur père, de saint Joseph qu'elles ont pris pour leur protecteur spécial ».

Le lever avait lieu à quatre heures et demie, le coucher à neuf heures. Les sœurs n'avaient pour se coucher qu'une paillasse « pour imiter la pauvreté du Sauveur de Béthléem ».

L'oraison, la récitation de l'office et les autres exercices de la communauté se faisaient avant le lever et après le coucher des vieillards. C'était à eux qu'elles appartenaient tout le long du jour. Les unes leur prodiguant des soins maternels, les autres s'en allant de porte en porte quêter pour leur subsistance.

Rien n'est touchant comme la prière que les Petites Sœurs adressaient à la Sainte Vierge dans les premières années de la fondation :

« Nous vous avons choisie pour notre mère. Il est vrai que vous n'eûtes jamais des enfants aussi viles et méprisables que nous, nous sommes en effet si fai-

(1) Abbé Leroy.

bles et si fragiles, eh bien ! soyez notre force et notre appui. Nous sommes sans ressources et souvent sans argent, ô Mère compatissante ! faites que nous trouvions toujours du pain pour nos pauvres chéris ; nous sommes comme des enfants timides et sans défense, exposés à la malice du monde et à ses ruses pour nous perdre, faites que notre petite famille ne soit pas renversée, mais qu'elle vive pour la gloire de Dieu et qu'elle s'étende selon sa volonté. »

Le texte de cette admirable prière subit quelques modifications lors de la revision de 1851, mais l'esprit de confiance et d'humilité qui domine l'œuvre de l'abbé Le Pailleur et de Jeanne Jugan y subsiste toujours.

« La revision de 1851 tout en maintenant le principe que la petite famille était fondée sur la pauvreté pour les repas comme pour tout le reste, spécifiait que le fond principal de la nourriture proviendrait des dessertes et des dons recueillis par la quête, tant pour les vieillards et infirmes, que pour les Petites Sœurs et qu'on y suppléerait, en cas de besoin, par l'achat de viandes communes et d'aliments maigres à bon marché... »

« Il était décidé, qu'aucun établissement ne serait fondé dans un autre but, que celui d'assister des vieillards ou infirmes indigents de l'un et l'autre sexe. » (1)

C'est à partir de soixante ans que les indigents sont admis chez les Petites Sœurs.

Dans ces asiles de la charité tout est petit et tout est bon. La supérieure est la Bonne mère, les religieuses sont les bonnes petites sœurs, les hospitalisés sont les bons petits vieux, les bonnes petites

_______

(1) Abbé A. Leroy.

vieilles. Appellations puériles qui peuvent faire sourire les esprits forts, mais qui traduisent de façon touchante l'admirable sentiment de maternité qui est l'essence même de l'œuvre. Pour ces vierges qui ont parfois à peine vingt ans, ces hommes, ces femmes, accablés d'infirmités, doublement vieillis par la misère et souvent la débauche sont des enfants qu'elles aiment, dorlottent et choient avec un dévouement tendre, voyant dans leurs pauvres le Christ-Jésus. N'a-t-il pas dit, au temps où il s'en allait à travers les chemins de la Galilée, suivi de son cortège de misérables : « Tout ce que vous ferez à l'un d'eux. c'est à moi-même que vous le ferez ? »...

Après un séjour de trois semaines à Lille, employé à revoir avec le P. Félix Massat tous les points du règlement que s'étaient peu à peu donné les petites sœurs, l'abbé Le Pailleur revint à Rennes pour le soumettre avec ses modifications à son évêque.

Quand il s'agit d'une décision grave, pouvant engager l'Eglise, ses représentants se montrent d'une extrême prudence, Mgr Saint Marc prit une grande année, pour étudier murement les Constitutions des Petites sœurs des Pauvres et c'est seulement le 29 mai 1852, qu'il signa le décret d'approbation.

Deux jours après cette approbation qui « régularisait l'œuvre aux yeux de l'Eglise », Mgr Saint Marc vint en grande pompe présider l'inauguration de la Maison Mère. Dans un éloquent discours, l'Evêque de Rennes évoqua le souvenir de sa visite au premier asile de Saint-Servan ; il montra « la main de Dieu soutenant au milieu des difficultés, ce qui était petit, faible, pauvre, pour opérer de grandes merveilles... Pour rester dans l'esprit de leur vocation dit-il en terminant les Sœurs doivent réellement et toujours rester les Petites Sœurs des Pauvres, elles n'obtiendront que par l'humilité, les grâces et les bénédictions que Dieu veut répandre sur elles... »

## III

### APPROBATION DE LA CONGRÉGATION PAR LE SAINT SIÈGE

L'approbation de l'évêque de Rennes, si précieuse qu'elle fut pour les Petites Sœurs des Pauvres, ne suffisait pas à leur merveilleux développement. N'ayant pas de juridiction sur les autres diocèses, « l'ordinaire du lieu ne pouvait maintenir en tout temps et en tout pays, l'unité et la régularité ». Il fallait que la Congrégation fut reconnue, approuvée par Rome et rattachée directement au Saint Siège.

Dès le mois de février 1852, Mgr Saint Marc avait commencé les démarches, par l'envoi d'une lettre testimoniale disant ce qu'était l'œuvre, créée par des « filles d'humble condition, ignorantes des lettres humaines ».

« Aussitôt après avoir reçu l'approbation épiscopale les supérieurs généraux introduisirent régulièrement l'affaire en cour de Rome (1). »

« Ce n'est pas l'approbation des Constitutions qu'on sollicite, ce qui serait, de toutes manières, prématuré, l'expérience devant nous apprendre bien des choses écrivaient-ils au cardinal Fornari ; c'est seulement le premier bref qui loue l'œuvre, avec l'indication de la voie sur laquelle on doit se poser pour la gloire de Dieu, le développement et la meilleure administration, l'unité et l'esprit de l'œuvre. »

(1) Abbé Leroy.

Le 13 août, la Congrégation des Evêques et Réguliers, commença l'enquête. L'Evêque de Rennes fut chargé de recueillir les témoignages des Evêques, dans les diocèses desquels se trouvaient des maisons de Petites Sœurs. Tous furent unanimes à louer « la piété de ces vertueuses filles, leur modestie, leur dévouement généreux à l'œuvre sainte qu'elles exercent » (1); disant qu'elles « se concilient les cœurs de tous (2) ».

Le Cardinal Wiseman écrivait le 26 octobre... « Aucunes religieuses adonnées au soulagement des Pauvres ne se livrent à cette œuvre avec un plus grand zèle dans la charité et surtout plus de patience.... Depuis qu'elles ont ouvert à Londres leur hospice... elles se sont gagné les esprits de tous, non seulement des catholiques, mais encore des protestants. »

Seul l'archevêque de Paris, tout en louant l'œuvre « trouvait des points d'organisation défectueux et signalait des difficultés d'application » (3).

Ce jugement fit suspendre la décision de la cour de Rome qui s'apprêtait à promulguer le décret de louange. Sur le conseil des enthousiastes partisans des Petites Sœurs des Pauvres, parmi lesquels se trouvaient un grand nombre de Pères Jésuites, le supérieur général des Dominicains (4) plusieurs prêtres français résidant à Rome, Louis Veuillot, « la congrégation hospitalière étendit la demande, non plus

(1) Lettre testimoniale du cardinal Donnet, archevêque de Bordeaux.

(2) Cardinal Mathieu archevêque de Besançon.

(3) C'était alors Mgr Sibour, qui devait mourir peu de temps après, assassiné dans l'église de saint Etienne du Mont. Son successeur fut Mgr Morlot.

(4) C'était alors le P. Jandel.

seulement au décret de Louange, mais à l'approbation même de l'Institut, remettant toutefois à un temps plus opportun l'approbation des Constitutions (1). »

Au mois de février 1854, les supérieurs généraux furent appelés à Rome, pour donner à la commission chargée de l'enquête, les renseignements nécessaires. Pie IX les reçut avec sa paternelle bonté, les questionnant sur leur œuvre, sur ses progrès. En entendant dire que l'Institut se composait de cinq cents petites sœurs, le Souverain Pontife s'écria :

« Vous n'êtes plus un petit troupeau, vous ressemblez aux disciples du Sauveur qui était cinq cents aussi !... »

Le 9 juillet 1854, la congrégation des Evêques et Réguliers rendit le décret si impatiemment attendu par les amis de la Petite Famille.

Le décret se terminait ainsi : « que les Petites Sœurs des Pauvres recommandées par ce témoignage public du Saint Siège apostolique se livrent donc avec une nouvelle ardeur à leurs œuvres de miséricorde envers les pauvres, afin qu'elles méritent d'entendre dire par le Divin Epoux au jour de son avènement : « ce que vous avez fait aux moindres de ces petits, vous me l'avez fait à moi même ».


(1) Abbé Leroy.

## IV

L'AUMÔNIER DE L'IMPÉRATRICE. — L'ASILE SAINTE
EUGÉNIE. — LA RECONNAISSANCE LÉGALE. —
STRICT MAINTIEN DE LA SAINTE PAUVRETÉ

Quand les supérieurs des Petites Sœurs des Pauvres
eurent obtenu l'approbation de l'Eglise, ils songèrent
à obtenir du gouvernement français la reconnaissance légale. Un des aumôniers de la cour impériale,
l'abbé Mullois, très enthousiasmé par l'œuvre dont
il disait : « c'est un trait du génie de la charité en ce
siècle et ce sera une de ses gloires » ; en parlait
souvent à l'impératrice, fort occupée du sort des
vieillards dans les faubourgs de Paris :

L'aumônier racontait à la jeune souveraine, les miracles accomplis journellement par les petites sœurs.
Comment, en se faisant aimer des vieillards, elles
arrivaient à les faire vivre ensemble dans la paix et
la charité. Très vivement émue, l'impératrice voulut
fonder une maison dans le faubourg saint Antoine
qui porterait le nom d'asile sainte Eugénie.

Cet établissement commencé le 23 novembre 1853,
reçut au printemps suivant la visite de l'empereur
et de l'impératrice. On avait amené les pensionnaires
de la rue saint Jacques et de l'avenue de Breteuil
et c'était un spectacle émouvant de voir cette femme
dont la radieuse beauté lui avait valu une cou-
ronne, cet homme en qui ressuscitait la légende
napoléonnienne, se pencher vers tous ces pauvres
vieux, épaves de la vie humaine, leur prodiguant les
témoignages d'un bienveillant intérêt.

« L'empereur et l'impératrice furent très bons,

écrivait la Bonne Mère au lendemain de la visite impériale. Ils nous firent beaucoup de questions sur notre manière de nourrir nos vieillards, ils parurent très touchés et ne purent s'empêcher d'admirer les soins de la Divine Providence. »

Cette impression ne s'effaça pas et lorsqu'au mois de février 1855, la supérieure générale sollicita du ministre de l'intérieur l'autorisation légale, ce fut l'impératrice, qui se chargea de transmettre la demande.

Grande fut la surprise de l'administration de se trouver en face d'une œuvre, ayant découvert le moyen de subvenir aux besoins de quatre mille vieillards, sans posséder aucun revenu ! On demanda des renseignements à l'évêque de Rennes, la secrétaire générale de la Congrégation donna une note disant. « L'actif des petites sœurs ne présente aucun revenu devant servir à la nourriture et à l'entretien des sœurs. Il ne peut en représenter, parce-qu'il n'y en a point. Les sœurs sont nourries comme les vieillards, des collectes et des dessertes ; quand à leur habillement, il provient également de la libéralité... »

Pour l'entretien des maisons « ... Tous les ouvrages faciles se font par les vieillards valides, qui s'emploient selon le métier qu'ils ont professé. Les ouvrages plus considérables se font par des ouvriers rétribués avec l'argent provenant de la charité publique ou salariés par les bienfaiteurs eux-mêmes. »

Les dépenses journalières « sont couvertes au jour le jour, au moyen des quêtes et aumônes... »

Grâce au concours dévoué et intelligent d'un jeune prêtre, l'abbé Le Liepvre, qui mit au service de la congrégation ses lumières de docteur en droit et de docteur en théologie ; grâce aussi à la toute puissante recommandation de l'impératrice, les difficultés administratives furent aplanies et le 9 janvier 1856, Napoléon III signait le décret d'autorisation.

La congrégation des Petites Sœurs des Pauvres était désormais une personne civile apte à recevoir les legs. En 1865, une donation assez importante, devant constituer une rente à l'œuvre, fit soulever cette objection par un des plus dévoués auxiliaires des petites sœurs (1) : « Si elles passent pour avoir des rentes, elles perdront leurs droits à cette charité, qui faisaient vivre les Israélites dans le désert, si une fois elles amassaient la manne, la manne se corromprait entre leurs mains, comme jadis cela arrivait au peuple de Dieu. »

Frappés de l'objection, les supérieurs généraux la soumirent à leurs conseils, aux évêques protecteurs de l'œuvre et après de mures réflexions envisageant l'avenir, il fut décidé, que dorénavant la congrégation refuserait « tous legs ou dons consistant en rentes, ou grevé de fondations de lits ou de messes. »

A la suite de cette délibération, la supérieure générale sœur Marie Augustine écrivit au ministre des cultes pour refuser le legs. «... Si d'une part les petites Sœurs ne peuvent subvenir aux frais de logement et d'entretien des vieillards confiés à leurs soins, qu'avec le concours généreux des dons et legs qui leur viennent des personnes charitables ; d'autre part, il est contraire à l'esprit de la Congrégation, comme aux prescriptions de sa règle spirituelle, d'accepter des revenus fixes et perpétuels, tels que les rentes sur l'Etat... » En conséquence, tout en se réservant

_____________

(1) Le Comte de Berthoue.

« la faculté d'accepter les capitaux donnés ou légués à la congrégation et qui pourraient être employés soit à la fondation d'asiles nouveaux, soit au paiement de l'acquisition ou de la construction de  l'asile déjà fondé, à leur agrandissement, à leur ameublement, etc... » la supérieure générale renonçait au legs de quatre mille francs fait pour M^{lle}  Borgnis Gallanty, pour la  fondation  d'un lit à l'asile de la rue notre Dame des Champs.

Cette volonté de maintenir l'œuvre dans « la sainte pauvreté », de s'abandonner « entièrement à la divine Providence, ne compter  sur  rien  autre, soigner les pauvres gratuitement et avoir la peine d'aller chercher le pain chaque jour », se manifesta à plusieurs reprises.

En 1875, le conseil municipal de Marseille avait voté une annuité de cinq mille francs pour l'œuvre des Petites Sœurs. Avec beaucoup d'expressions de reconnaissance pour la générosité municipale cette annuité fut refusée.

Très surpris, le maire dit à la religieuse chargée de lui transmettre ce refus :

— Ma sœur, c'est la première fois de ma vie, que je vois refuser l'argent ; tout le monde vient ici m'en demander et vous, qui avez tant de pauvres à nourrir vous venez me remercier et me prier de ne pas vous en donner ! Je m'incline. Dieu ne peut pas faire moins que de vous bénir.


## V

LA PREMIÈRE MAISON MÈRE. — MORT DE VIRGINIE TREDANIEL. — LA TOUR SAINT-JOSEPH.


La première Maison Mère avait été installée dans une vieille maison appelée la Piltière. Cette maison avait une origine charitable, l'abbé Caron, de sainte mémoire, y avait établi des pauvres en 1785. La révolution chassa le prêtre bienfaisant et ferma l'asile, qui devint un peu plus tard une fabrique de toiles à voiles. L'industrie périclitant avec la navigation à vapeur, la fabrique de la Piltière fut abandonnée et mise en vente, au moment où les Petites Sœurs des Pauvres suppliaient la Providence de leur manifester où devait se trouver le centre de la congrégation et du noviciat.

Les bonnes petites sœurs, attribuant à l'intervention de saint Joseph, la mise en possession de la Piltière lui donnèrent le nom de maison saint Joseph. Un premier deuil assombrit bientôt cette installation. L'une des fondatrices de la congrégation, Virginie Tredaniel devenue la Mère assistante Marie-Thérèse de Jésus, épuisée par l'effort de ces dix dernières années s'éteignit à bout de forces le 12 août 1853.

Les petites sœurs virent en elles une protectrice de plus au Paradis et vaillamment, sans songer qu'à ce régime de fatigues incessantes, la mort guettait leur jeunesse, elles continuèrent à prodiguer à leurs fils en cheveux blancs un dévouement que rien ne lasse.

En 1856, la congrégation avait pris un tel développement, que la vieille demeure construite par l'abbé Caron était devenue insuffisante pour loger les novices qui accouraient de tous côtés ; on acheta alors une importante propriété située en pleine campagne entre Rennes et Dinan. Cette propriété s'appelait la Tour, mais les petites sœurs entendant rester sous le protectorat du chef de la Sainte Famille lui donnèrent le nom de la Tour saint Joseph.

## VI

APPROBATION DES CONSTITUTIONS DES PETITES
SŒURS DES PAUVRES PAR LÉON XIII. — MORT
DES FONDATEURS DE LA CONGRÉGATION

Il allait y avoir un quart de siècle que la Congrégation des Petites Sœurs des Pauvres avait reçu l'approbation du Saint Siège, lorsque mourut Pix IX.
Elle avait fait ses preuves et souhaitait que ses
constitutions, notamment le vœu d'hospitalité fussent
également approuvées. L'abbé Le Lièpvre se chargea
de faire les démarches nécessaires près du nouveau
Pape. Le vœu d'hospitalité était une innovation dans
l'Eglise et l'abbé Le Lièpvre dût mettre en jeu toute
sa science canonique, toute son éloquence, pour le
faire accepter par la Congrégation des Evêques et
Réguliers. Enfin le 1er mars 1879, le décret si ardemment désiré fut rendu. La loi d'hospitalité et de
Providence que s'imposaient les Petites sœurs des
Pauvres était solennellement approuvée par le ma-
gistère suprême de l'Eglise.

Comme si Dieu eut voulu donner à la vaillante
créatrice de l'œuvre la joie suprême d'en voir le cou-
ronnement, la mort avait épargné Jeanne Jugan. Elle
s'endormit doucement le mois d'août suivant à qua-
tre-vingt-six ans.

Une simple pierre indique dans le cimetière des
sœurs, où repose jusqu'à l'éternel réveil, l'infatigable ouvrière de la première heure.

En 1866, la ville de Saint-Servan avait infligé une
cruelle épreuve à son humilité en donnant son nom
à la rue dans laquelle se trouve l'asile des vieillards.

L'abbé Le Pailleur survécut seize ans à la fondatrice des Petites Sœurs des Pauvres. Jusqu'en 1890,
il conserva le titre de « promoteur de l'Institut au
bon plaisir du Saint-Siège » qu'il avait reçu lors de
l'approbation de 1854. A cette époque, il écrivit aux
supérieures générales : « Je considère comme terminée
l'œuvre que Dieu m'avait donnée à accomplir et j'ai
l'assurance d'être dans l'ordre de sa volonté, en
consacrant ce qu'Il lui plaira de m'accorder de vie, à
me préparer dans la retraite et la prière à ma mort
et à mon éternité ».

L'ancien vicaire de Saint-Servan ne repose pas
dans un cimetière breton, mais au Campo Santo de
Rome, dans la sépulture des Petites Sœurs.

Il avait voulu attendre la mort près du vicaire de
Jésus-Christ, dans un couvent de religieux voués à
l'adoration du Saint-Sacrement. L'abbé Le Lièpvre
son dévoué coopérateur l'avait devancé dans l'Eter-
nité et depuis le mois de juillet 1889, il reposait
dans le cimetière de la Tour saint Joseph.

Quatre ans plus tard, Dieu rappelait à lui la première postulante de la congrégation, Eulalie Jamet,
et sa sœur Marie, qui pendant un demi-siècle,
(1843-1893) avait tenu le gouvernail de cette nef de la
charité, fragile et minuscule barque au début, devenue non plus seulement un immense navire de sau-
vetage, jetant ses amarres et ses bouées à tous les
naufragés de la vie sous le ciel de France ; mais
une flotte toujours grandissante, répandue dans tous
l'univers, pour y recueillir toutes les épaves des tempêtes humaines, panser les plaies de ceux que les récifs ont meurtris, apaiser les sanglots des abandonnés, donner une mort douce aux désespérés, en leur
faisant entendre la parole de celui qui a voulu
être appelé l'*homme des douleurs* : « Venez à moi

vous qui souffrez, qui pleurez, je vous consolerai. »

Et ce miracle de conduire au Christ consolateur, ces déshérités en cheveux blancs, de transformer ces indifférents ou ces révoltés en ouvriers de la onzième heure, est accompli par d'humbles religieuses, qui penchent sur toutes ces décrépitudes, ces déchéances physiques et morales, leurs doux visages transfigurés par la flamme du sacrifice et de l'abnégation et lorsque parfois devant ce rude et souvent rebutant labeur qui ne cesse jamais, le visiteur se trouble et s'émeut, les vierges lui disent avec ce sourire ineffable qui fait tout rayonner autour d'elles : « Ne nous plaignez pas, nous avons choisi la meilleure part ! »

Jacques de la Faye

# TABLE DES MATIÈRES

## PREMIÈRE PARTIE

### Organisation et début de l'œuvre.



## SECONDE PARTIE

### Développement et épanouissement de l'œuvre des Petites Sœurs des Pauvres.

## TROISIÈME PARTIE

### La Congrégation



Saint-Amand (Cher). — Imprimerie BUSSIÈRE.